Vorwort

Liebe Lehrerinnen und Lehrer,

seit mehreren Jahren wird an den Grundschulen mit Erfolg Englisch unterrichtet. Dies hat nachhaltige Konsequenzen für den Englischunterricht der Hauptschule. Um eine optimale Weiterführung der erworbenen Fähigkeiten zu ermöglichen und die hohe Lernmotivation der Kinder für das Fach Englisch zu erhalten, ist eine Integration der Vorkenntnisse in den Englischunterricht der Hauptschule notwendig und hilfreich.

Die Schülerinnen und Schüler verfügen zum Zeitpunkt des Eintritts in die Hauptschule rezeptiv bereits über ein großes Repertoire an Wortfeldern und einfachen Strukturen. Sie sind vor allem mit Übungen vertraut, die auf das Hören und Sehen gerichtet sind sowie auf das Lesen von kurzen Texten und kurzen Abschreibeübungen, weniger jedoch mit dem Verfassen eigener Texte. Sie haben in der Grundschule durch Nachsprechen und Singen vieler Lieder einfache grammatische Strukturen kennen gelernt. Der Einstieg in die Fremdsprache Englisch wurde Ihnen spielerisch ermöglicht. Mimik und Gestik sind verstärkt eingesetzt worden.

Der Englischunterricht in der Sekundarstufe setzt nun andere Akzente, denn neue Zielstellungen, Lernformen und Arbeitstechniken bestimmen den Unterricht. Es gilt, die Schülerinnen und Schüler behutsam auf das Neue einzustimmen. Dies kann gelingen, wenn die bekannten Methoden aus der Grundschule aufgegriffen und in die Arbeit an der weiterführenden Schule einbezogen werden.

Mit den vorliegenden *Materialien zum Grundschulübergang* möchten wir Ihnen einen Vorkurs an die Hand geben, der Ihnen ermöglicht, die Schwelle von der Primarstufe zur Sekundarstufe mit Ihren Schülerinnen und Schülern problemlos zu überschreiten und das Vorwissen der Kinder in die Arbeit mit dem neuen Lehrwerk *Let's go 1* zu integrieren. Sie decken die Wortfelder der Let's Start-Seiten im Schülerbuch ab und ermöglichen einen direkten Einstieg in Unit 1. Die *Materialien zum Grundschulübergang* sollen Ihren Schülerinnen und Schülern in erster Linie einen Eindruck von ihrem umfangreichen Vorwissen geben. Sie sollen das Gefühl haben, bereits eine ganze Menge Englisch zu verstehen und anwenden zu können. Ganz nebenbei wird inhaltlich auf das anschließende Lehrwerk *Let's go 1* vorbereitet. Tom und Susie werden vorgestellt, die das anschließende Schülerbuch durchgehend mit Tipps und Tricks zum Fremdspracherwerb begleiten. Ebenso wird ein erster Eindruck von London und Greenwich vermittelt und die Schülerinnen und Schüler werden mit den neuen Schulbuchkindern Lisa, Emma, Terry und Sam vertraut gemacht, die in *Let's go 1* ebenfalls durch das gesamte Buch führen.

Eine Lernstandsanalyse gleich zu Beginn dieses Heftes ermöglicht Ihnen, sich einen Überblick über das mitgebrachte Vorwissen in punkto Hörverstehen und Leseverstehen zu verschaffen. Insgesamt bieten die *Materialien zum Grundschulübergang* 13 Kopiervorlagen an, die unter Berücksichtigung grundschulgemäßer Methoden zusammenfassend das in der Grundschule Gelernte wiederholen und den Schülerinnen und Schüler einen fließenden Übergang in die Arbeit mit *Let's go 1* ermöglichen.

Die Kopiervorlagen (KV)
- präsentieren vielfältige Unterrichtsmethoden aus der Grundschulzeit: Spiele, Lieder, Maldiktat, Faltbüchlein, Wimmelbild, Bastelanleitung, Zuordnungsübungen, leichte Schreibübungen
- decken alle aus der Grundschule bekannten Wortfelder ab: animals, body, clothes, months, days of the week, weather, traffic, drinks, fruit and vegetables, family, house, classroom, colours
- können sowohl progressiv als auch flexibel eingesetzt werden
- sind jeweils mit einem umfassenden Lehrerkommentar versehen.

Die vorliegenden *Materialien zum Grundschulübergang* bieten neben einem reibungslosen Übergang von der Grundschule zur Hauptschule eine optimale Einstimmung auf das Lehrwerk *Let's go 1*.

Tom, the mouse

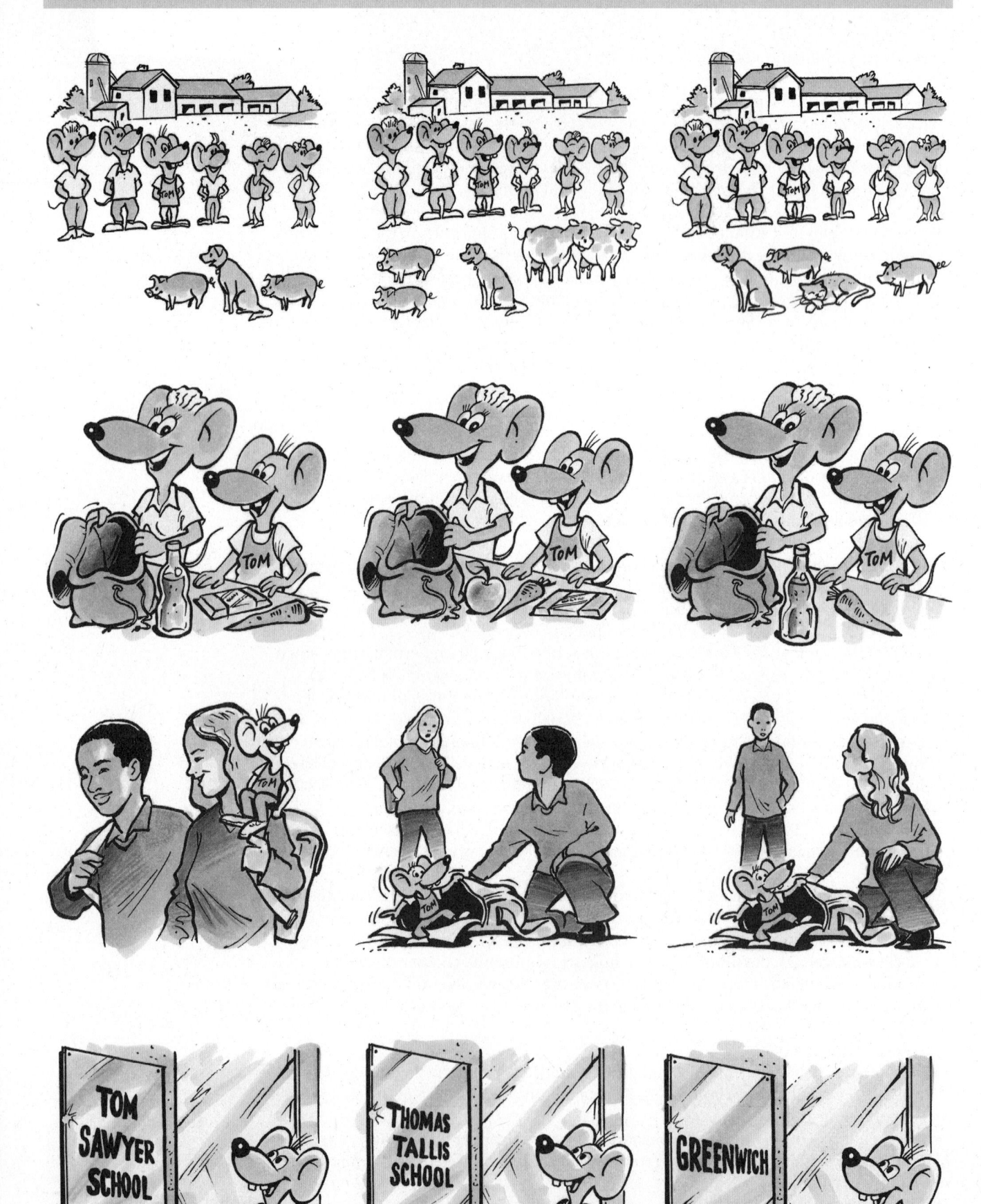

Kopiervorlage 1

House mice A

You want a mouse in your house? Good idea, mice are excellent pets. Here is some information for you about mice.

Housing:

Keep your mouse in a box or a cage. If there are no cats in the house you can keep it in a fish-tank. Be careful! There must be little holes in the box to let air in! Put some newspaper on the bottom, so it's warm in the "mouse house".

Feeding:

Your mouse always needs fresh water. It likes hamster food and bread. It also likes little carrots and rice. Don't give your mouse any cheese. Mice don't like cheese!

Breeding:

Mice can live for two years. After eight weeks they can have babies again. It takes three weeks until the new mouse babies are born. The babies are pink and blind. After ten days the little mice will open their eyes.

Your mouse is ill?

If you think your mouse is ill, please go to a vet. A vet is a doctor for animals.

House mice B — Kopiervorlage 3

Trage hier die Wörter ein, die du nachschlagen möchtest. Schreibe das englische Wort und die deutsche Übersetzung auf, die du im Wörterbuch gefunden hast. Vergleiche deine Ergebnisse.

Wortliste

cage – Käfig

_____   _____
_____   _____
_____   _____
_____   _____
_____   _____
_____   _____

Deine Großmutter kann kein Englisch. Sie möchte wissen, was du gerade gelesen hast. Erzähle ihr, was du über Mäuse gelernt hast. Die folgenden Fragen helfen dir, die wichtigsten Informationen zusammenzufassen.

1. Was muss man bei der Haltung von Mäusen beachten?
_____
_____
_____

2. Welche Nahrung nehmen Mäuse zu sich?
_____
_____
_____

3. a) Wie alt können Mäuse werden?
_____
_____

3. b) Was kannst du über Babymäuse sagen?
_____
_____
_____

4. Was solltest du tun, wenn deine Maus krank ist?
_____
_____

Methodische Hinweise zur Lernstandsanalyse Hör- und Leseverstehen, KV 1–3

Inhalt: Nach einer Wiederholung der Tiere, die auf einem Bauernhof leben, wird zu *Tom, the mouse* übergeleitet. In einem Vorlesetext (s. u.) wird erzählt wie Tom vom Bauernhof in die Thomas-Tallis-Schule nach Greenwich gelangt (Hörverstehen). Auf einer weiteren Kopiervorlage wird in vier kleinen Texten berichtet, was zur Haltung einer Maus als Haustier nötig ist (Leseverstehen). S beantworten Fragen zum Text auf einer dritten Kopiervorlage. Sie erhalten mithilfe dieser Einführungen einen Überblick über den Stand der Englischkenntnisse, die Ihre S aus der Grundschule mitbringen und knüpfen an den aus der Grundschule bekannten Methoden an.

Wortfeld: *mouse, cat, dog, cow, pig, hen, goose, horse, …*
animals Wiederholen Sie auch die Pluralformen: *mice, cats, dogs, pigs, hens, geese, horses, …*

Material: KV 1, 2, 3 und Wörterbücher

Erarbeitung: Stellen Sie Tom vor. Hierfür können Sie Tom oben auf KV 4 vergrößern und erklären,
KV 1 dass Sie eine Geschichte über Tom erzählen werden. Schreiben Sie das Wort Tom an die Tafel. Erzählen Sie, woher Tom kommt und schreiben Sie den Wohnort Greenwich ebenfalls an die Tafel. Teilen Sie anschließend die KV 1 aus. Die S haben kurz Zeit, die Bilder zu betrachten. Versuchen Sie den Text abschnittsweise frei zu erzählen. Setzen Sie Mimik und Gestik ein. Alternativ kann der Text auch langsam vorgelesen werden. S kreuzen das zum Text passende Bild am Ende eines jeden passenden Abschnitts an.

Vorlesetext: Tom's trip to school

Picture 1: Once upon a time there was a little mouse called Tom. Tom lived with his family on a farm near Greenwich. There was mother mouse, father mouse and three little sisters. On the farm there were two cows, two pigs and a dog. All of them were very happy.

Picture 2: One day Tom asked his mum: "Mum, can I go to school?" "No, you can't," his mum answered. "The school is in Greenwich, London. It's too far away from here." But the next morning Tom said: "I really want to go to school, Mum. Perhaps I can find friends there." So his mother put a carrot, some chocolate and water into a little rucksack and said: "OK, Tom, you can go to school. Here's your rucksack. Take care."

Picture 3: After a while Tom was tired. "I can't walk any more," he thought. He could see many houses along the road. Cars were passing his way and lots of children were on bikes. Suddenly he heard two voices: "Have you got your pencil case, Lisa? You always forget your pencil case," a boy said. "Let me have a look into my bag," Lisa answered. She put her bag on the ground. "Yes, it's here." When Lisa wasn't looking, Tom took the chance and jumped into her bag.

Picture 4: The two children went on for another 10 minutes. Tom was happy. He didn't have to walk any more. He could sit in the bag. Suddenly he heard many voices, a bell was ringing and the bag was put on the ground again. He jumped out of the bag and saw a big school in front of him. He could read "Thomas Tallis School" on the front door. "Great!" Tom thought. "This is my school. I'm sure I'll find lots of friends here." And he ran inside, into a little hole in the corner of a classroom, where nobody could see him.

Lösungen: KV 1 Reihe 1: Bild 2, Reihe 2: Bild 1, Reihe 3: Bild 3, Reihe 4: Bild 2

Erarbeitung: Teilen Sie KV 2 aus, die einen bildlich gestützten Sachtext über Mäusehaltung enthält.
KV 2, KV 3 S lesen den Text und unterstreichen die Wörter, die sie nicht verstehen. Teilen Sie nun die Wörterbücher und KV 3 aus. S tragen in die Wortliste die Wörter ein, die sie nachschlagen möchten. Sie arbeiten allein oder mit einem Partner und suchen in den zur Verfügung gestellten Wörterbüchern die deutsche Bedeutung.
Danach beantworten sie die Fragen zum Textverständnis in deutscher Sprache. Hierzu sollen sie aus dem Text der KV 2 leicht auffindbare Informationen entnehmen. Die Bildunterstützung soll dabei auch den leistungsschwächeren S die Möglichkeit geben, den Text inhaltlich zu verstehen. Lassen Sie die S ihre Lösungen untereinander vergleichen oder vortragen.

Lösungen: KV 3
1. Egal, welchen Käfig man benutzt, es müssen immer genügend Luftlöcher für die Maus vorhanden sein. Man sollte den Boden des Käfigs mit Zeitungspapier auspolstern, damit die Maus es warm genug hat.
2. Die Maus benötigt immer frisches Wasser. Hamsterfutter und Brot eignen sich ebenso als Nahrung wie Karotten und abgekochter Reis. Käse mögen Mäuse gar nicht (Red.: ihr Magen verträgt keinen Käse).
3. a) Mäuse können bis zu zwei Jahre alt werden.
3. b) Die Babys haben eine intensiv rosa Hautfarbe, kein Fell und sind blind. Erst nach 10 Tagen öffnen sie ihre Augen.
4. Ich sollte mit ihr zum Tierarzt gehen.

Let's make a pencil topper

Kopiervorlage 4

My name is Tom.
I'm a mouse.
I'm one.
I'm from Greenwich.
I'm at Thomas Tallis.

Now you:

My name is _____   I'm from _____

I'm _____   I'm at _____

✂--

Take me as a pencil topper:

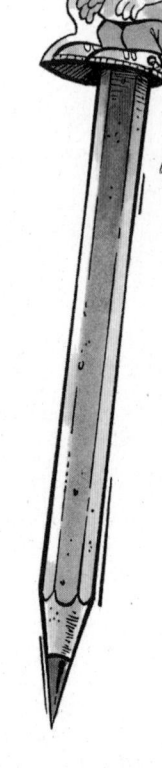

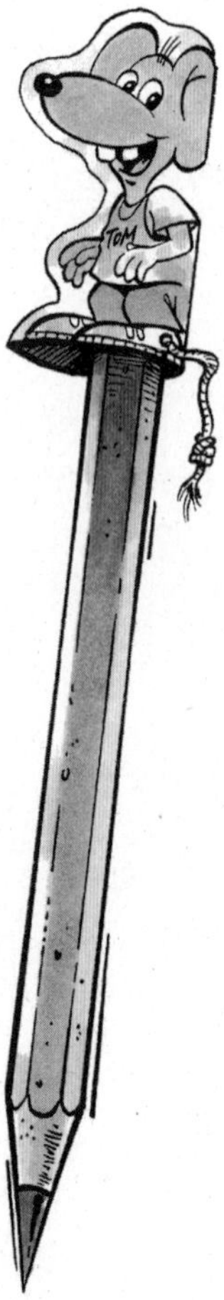

1. Colour me with your crayons.
2. Cut it out here.
3. Fold the paper along the line.
4. Glue the edges.
5. Make a hole in the paper.
6. Put a piece of string through the hole.
7. Make a knot.
8. Put me on top of your pencil.

© Ernst Klett Verlag GmbH, Stuttgart 2005.
Alle Rechte vorbehalten. ISBN 3-12-582698-5

Let's go   Materialien zum Grundschulübergang

Methodische Hinweise zu KV 4: Let's make a pencil topper

Inhalt: Auf der Kopiervorlage 4 stellt sich Tom, die Schulbuchfigur, Ihren Schülern vor. Er ist ein Jahr alt und stammt aus Greenwich. Er ist in der Thomas-Tallis-Schule.
Der untere Teil der KV zeigt eine Bastelanleitung der in den USA und Großbritannien sehr beliebten Bleistifthütchen. Diese dient später als Dialoghilfe.

Wortfeld: *pencil topper, colour, coloured pencils, write, cut out, fold, glue, put, make, paper, line, edge, string, hole, pencil.*
school things

Strukturen: *Hello/My name is.../I'm from.../I'm at .../ What's your name?*

Material:
Schere, Klebstift

Vorbereitung: Vergrößern Sie Tom von der Kopiervorlage und kleben Sie ihn auf einen stabilen Karton. Basteln Sie Tom als *pencil topper* und benutzen Sie die Figur als Ihren Dialogpartner.

Erarbeitung Teil 1: Dialogbeispiel:
Tom: Hello, my name is Tom. I'm a mouse.
L Oh, hello Tom. My name is Ms ...
Tom: I'm from Greenwich. That's in London, Great Britain.
L Aha, I'm from Stuttgart, Tom.
Tom: I'm at Thomas Tallis School.
L I'm at ..., Tom.

Nehmen Sie nun Toms Rolle ein und führen Sie denselben Dialog mit Ihren S durch.

KV 4, oberer Teil Teilen Sie den oberen Teil der KV aus. S lesen den Text und fügen die Angaben über ihre Person schriftlich ein.

Spiel: Spielen Sie zum Abschluss der Einheit das Kennenlernspiel *"I'm Tom."*.
Bilden Sie einen Stuhlkreis. Nehmen Sie einen Stuhl heraus und schicken einen freiwilligen S vor die Tür. Die übrigen S wählen einen *Tom, the mouse*, welcher dann von dem unwissenden Kind durch Anwendung der Frage *"What's your name?"* gefunden werden soll. Lautet die Antwort: *"My name is Tom, the mouse."*, müssen alle S ihre Plätze wechseln und der S in der Mitte muss versuchen, einen Platz zu bekommen.

Erarbeitung Teil 2: Die Bastelanleitung für den *pencil topper* erklärt sich durch die Bildbeigaben selbst.
KV 4, unterer Teil Daher kann sie auch als Hausaufgabe erledigt werden. Nach Fertigstellung des *pencil toppers* gehen die S im Klassenzimmer umher und führen den vorher kennen gelernten Dialog miteinander. Ein S übernimmt dabei Toms Rolle. Der obere Teil der KV kann hier als Spickzettel genutzt werden.

Tipp: Ergänzen Sie die Möglichkeiten der Dialoge mithilfe der Kopiervorlage 1 aus dem Begleitbuch für den Unterricht, S. 177.

Girls and boys in 7MC

Kopiervorlage 5

Name: Terry Jackson
How old: 12
Eyes: brown
Hair: black and short
Sisters + brothers: no
He says: "I'm cool."

Name: Sam Spencer
How old: 11
Eyes: green
Hair: blonde and short
Sisters + brothers: no
He says: "I'm a computer fan."

Name: Emma Brook
How old: 11
Eyes: brown
Hair: long and brown
Sisters + brothers: one sister, Nasreen
She says: "I'm a music fan."

Name: Lisa Taylor
How old: 11
Eyes: blue
Hair: long and blonde
Sisters + brothers: one brother, Ben
one sister, Jade
She says: "I'm a chatterbox."

Now you:

Name: _____
How old: _____
Sisters and brothers: _____
Hair: _____
Eyes: _____
I say: _____

Let's go Materialien zum Grundschulübergang

Methodische Hinweise zu KV 5: Girls and boys in 7MC

Inhalt: Die Schulbuchkinder Emma, Lisa, Sam und Terry werden vorgestellt. Sie sind wie Ihre S neu an ihrer Schule, der Thomas Tallis School in Greenwich, London, und gehen in die Klasse 7MC. Englische S wechseln die Schule zum 7. Schuljahr. Die Buchstaben nach der Jahrgangszahl setzen sich aus den Initialien der Klassenlehrerin oder des Klassenlehrers zusammen.

Wortfeld: *What's your name? How old are you? What's the colour of your hair/eyes? Have you got brothers or sisters? What can you say about yourself?*
communication, family

Erarbeitung: Schritt 1: Wiederholung der Zahlen
a) Hören und sprechen:

Weitere Übungen mit Zahlen im Begleitbuch für den Unterricht, S. 23, 81, 82

Singen Sie mit den S das Lied *Ten little fingers*:
Text: *One little, two little, three little fingers, four little, five little, six little fingers, seven little, eight little, nine little fingers, ten fingers on my hand.*
S erhalten zuvor jeder eine Zahl 1–10. S stehen an der Stelle auf, wenn sie ihre Zahl hören. Fordern Sie leistungsstärkere S auf, die Zahlen 1–12 oder sogar 1–20 in einer Reihe zu nennen. Zeigen Sie zu ihrer Unterstützung zuvor vorbereitete Flashcards mit den entsprechenden Zahlen.

Bewegungsspiel: Jeder S erhält eine Nummer. Ein S nennt nun seine Nummer und klatscht seiner Zahl entsprechend oft in die Hände. Dann wählt er/sie einen Mitschüler, welcher in gleicher Weise fortfährt.

b) Lesen und schreiben:
Schreiben Sie die Zahlwörter *one-twelve* bzw. *one-twenty* ungeordnet an die Tafel und lassen Sie von S die entsprechenden Ziffern daneben setzen.

Kim-Spiel: Lassen Sie die S eine Minute an die Tafel mit den Zahlen schauen. Bitten Sie die S nun, ihre Augen zu schließen. Wischen Sie eine Zahl mit Zahlwort weg. Die S sollen nun erraten, welche Zahl fehlt. So verfahren, bis alle Zahlen und Zahlwörter weg sind. Schreiben Sie anschließend die Zahlen wieder an der Tafel an und bitten sie die S, nun die richtigen Zahlwörter schriftlich hinzuzufügen.

Schritt 2: Schreiben Sie folgende Sätze an die Tafel:
Würfel 1: *What's your name?*   Würfel 4: *What's the colour of your eyes?*
Würfel 2: *How old are you?*   Würfel 5: *Have you got brothers or sisters?*
Würfel 3: *What's the colour of your hair?*   Würfel 6: *What can you say about yourself?*

Lesen Sie die Fragen langsam vor. Bitten Sie Ihre S, die Fragen leise nachzulesen, die Augen zu schließen, die Frage nochmals leise zu sprechen. Lassen Sie einen S die Fragen stellen und beantworten Sie die Frage dann auf Ihre eigene Person bezogen.

Beispieldialog:
S *What's your name?*   L *My name is …*
S *How old are you?*   L *I'm …*
S *What's the colour of your hair?*   L *Blonde/black/brown/red*
S *What's the colour of your eyes?*   L *Green/blue/brown/black/red*
S *Have you got brothers or sisters?* L *Yes, I've got a sister/brother.*
S *What can you say about yourself?* L *I'm a teacher.*

Helfen Sie S beim Formulieren von Aussagen über sich selbst. Schreiben Sie verschiedene Möglichkeiten an die Tafel: *I'm a football fan. I like films, rabbits, etc. …*

Würfelspiel: Bilden Sie Vierergruppen. S würfeln eine Zahl und stellen die Frage, die sie erwürfelt haben, einem der Mitschüler. Dieser beantwortet sie und würfelt erneut.

KV 5 Schritt 3: Teilen Sie jetzt die KV 5 aus. S betrachten die Seite und lesen die Personenbeschreibungen vor. Übernehmen Sie die Rolle von Lisa Taylor, der ebenfalls die kennen gelernten Fragen gestellt werden sollen und beantworten sie nach vorgegebenem Muster. Fragen Sie: *"Who is it? She's eleven, her hair is long and blonde, her eyes are blue …"* S ordnen nun die Personenbeschreibungen den entsprechenden Bildern zu und ziehen eine Verbindungslinie. Am Ende der Übung schreiben S ihre eigene Personenbeschreibung auf die KV und lesen sie vor.

Lösungen: KV 5 Die Schulbuchkinder von links nach rechts: Emma, Lisa, Terry, Sam

In the classroom

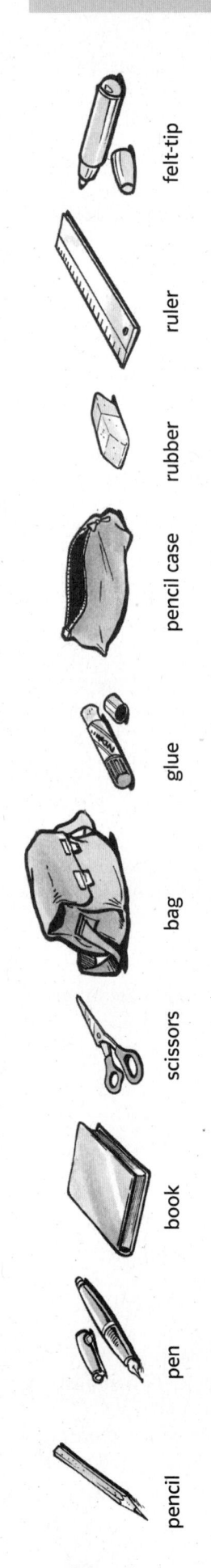

Kopiervorlage 6

- felt-tip
- ruler
- rubber
- pencil case
- glue
- bag
- scissors
- book
- pen
- pencil

© Ernst Klett Verlag GmbH, Stuttgart 2005.
Alle Rechte vorbehalten. ISBN 3-12-582698-5

Let's go Materialien zum Grundschulübergang

Methodische Hinweise zu KV 6: In the classroom

Inhalt: Auf der Kopiervorlage 6 sind die zwei Schreibtische der Schulbuchkinder Lisa und Terry abgebildet. Die S malen diese nach Anweisung eines Maldiktates durch den L an.

Wortfeld: *desk, pen, pencil, bag, book, folder, exercise book, pencil case, ruler, rubber, felt-tip, scissors, glue, red, blue, yellow, green, brown, white, black, purple, pink*
school things, colours, numbers

Material: kleine Taschen, Tüten oder Plastiktüten

Bringen Sie kleine, nicht durchsichtige Plastiktüten mit, für je zwei S eine Tüte.

Erarbeitung:

Schritt 1: Einführung des Wortfeldes *school things*
Sammeln Sie verschiedene Schulsachen Ihrer S ein und legen Sie sie im Stuhlkreis am Boden aus. Benennen Sie die Gegenstände oder erfragen Sie sie von den S. Jetzt kann das Kim-Spiel wie auf S. 9 bereits beschrieben folgen. Lassen Sie die S in Partnerarbeit weiter arbeiten. Sie sollen acht unterschiedliche Gegenstände auf den eigenen Tisch legen und betrachten. Nun nimmt einer der Partner eine Tüte, legt nur sieben dieser Gegenstände hinein und versteckt den achten. Sein Partner hat die Aufgabe, durch Fühlen den fehlenden Gegenstand zu erraten und zu benennen. Er sollte einen Satz mit *The … is missing.* sagen. Geben Sie ein Zeitlimit vor, in der der Gegenstand erraten werden soll.

Einführung Maldiktat:

L *Take out your pencil case. You need nine coloured pencils now. A red one, a blue one, a green one, a yellow one, a black one, a pink one, a brown one, a dark green one and an orange one. Has everybody got nine on the desk? OK, let's start.*

KV 6

Schritt 2: Teilen Sie die KV 6 aus. Geben sie den S kurz Zeit, die Abbildung genau zu betrachten. Zeigen Sie an der Tafel mithilfe einer Zeichnung und farbiger Kreide, dass Sie etwas vorlesen und S nur den entsprechenden Farbstrich in den Gegenstand zeichnen sollen. Das Ausmalen erfolgt nach dem Maldiktat und wird zeitlich begrenzt.

Look at the picture. You can see two desks. One is Lisa's desk and one is Terry's desk. Which one is Lisa's desk? Right, it's the one on the left. I'd like you to colour in the picture now. But please listen carefully, you must colour the things the way that I tell you. If I say that Lisa's pencil case is blue, colour it blue. If I say that Terry's bag is brown, colour it brown.

Text Maldiktat:

It's break at Thomas Tallis School. Tom is in the classroom. He's looking at the desks. One is Terry's desk, one is Lisa's desk.
On Terry's desk he can see a closed book. It's blue. He can see four felt tips. One is yellow, one is green, one is blue and one is red. Terry's pen is green and his broken pencil is orange. There is a ruler, too. It's black. And there are two exercise books. One is pink and one is brown. His bag is brown, too.
On Lisa's table Tom can see one dark green pencil. He can see one blue pen. He can see three books. One is blue, one is orange and one is pink. Her pencil case is red. The rubber is red, too. Her bag is blue.
How many things can you see on Lisa's desk?

Spiel: Zusätzliche Angebote: Als Abschluss für diese Einheit eignet sich das Klassenzimmerspiel: *I spy with my little eye, something that is red/blue etc.* (Ich sehe was, was du nicht siehst.)

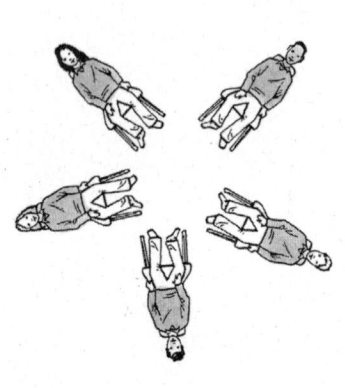

Classroom phrases

Kopiervorlage 7

1. Open the door, please.
2. What's … in English?
3. Say that in German, please.
4. Shut the window, please.
5. Come to the board, please.
6. Sit down, please.
7. Let's sing it together.
8. Sit in a circle, please.
9. Work with your neighbour, please.
10. Listen to the story, please.
11. Read the text, please.
12. Look at the picture, please.

© Ernst Klett Verlag GmbH, Stuttgart 2005.
Alle Rechte vorbehalten. ISBN 3-12-582698-5

Let's go Materialien zum Grundschulübergang

Methodische Hinweise zu KV 7: Classroom phrases

Inhalt: Die Kopiervorlage 7 enthält Sätze, Fragen und Aufforderungen, die bereits aus der Grundschulzeit bekannt sind und nun wiederholt und angewendet werden sollen.

Wortfeld: *desk, chair, window, board, picture, curtain, cupboard, door, wall, clock*
school furniture, communication

Strukturen: *classroom English sentences, imperatives and questions*

Erarbeitung:
Schritt 1:
Bereiten Sie Flashcards mit folgenden Begriffen vor: *desk, chair, window, board, picture, curtains, cupboard, door, wall, clock.*
Fragen Sie die S, welche weiteren Gegenstände sie benennen können. Tragen Sie diese auf leeren Flashcards nach.
Bestücken sie das Mobiliar Ihres Klassenzimmers gemeinsam mit den passenden Flashcards.

Spiel:
Schritt 2:
Bitten Sie zwei Schülerpaare in die Mitte des Raumes. Sprechen Sie die erste Anweisung aus (Beispiele s. KV 7) und bitten Sie die S, dieser schnellstmöglich nachzukommen. Das Team, welches die Aufforderung zuerst korrekt ausführt, bekommt einen Punkt. Aufforderungen und Fragen, die nicht gezeigt werden können, z. B. *What's ... in English?* sollen übersetzt werden.

Partnerarbeit:
Schritt 3:
Kopieren Sie die komplette KV auf Folie. Bitten Sie die S, die Sätze mit den passenden Bildern zu verbinden.

KV 7
Teilen sie nun jedem S eine KV aus. S schneiden die 12 Bilder aus und tragen auf jeder Rückseite die entsprechende *classroom phrase* ein. In Partnerarbeit fragen S sich gegenseitig ab.

Gestaltung eines Plakates:
Schritt 4: Gestalten Sie gemeinsam ein Plakat: *English in the classroom.* Überlegen Sie eventuell gemeinsam, welche weiteren Aufforderungen den S bekannt und geläufig sind. Lassen Sie die Aufforderungen bildlich darstellen und entsprechend schreiben. Möglich wären:

Erweiterung:
Stand up, please.
Stand on your chair, please.
Sit on your table, please.
Be quiet, please.
Let's listen to the CD.
Open your books, please.
Clap your hands, please.
Turn round, please. etc.

Vergrößern Sie die Bilder der KV 7 und kleben Sie die ebenfalls vergrößerten *classroom phrases* jeweils darunter. Bringen Sie das Plakat gut sichtbar im Klassenzimmer an.

Spiel:
Material:
fester Karton, Schere, Stift

Lassen Sie je vier S ein Memory-Spiel basteln. Stellen Sie festen Karton zur Verfügung. Die S kleben die Bilder auf einen festen Karton und schneiden sie sorgfältig aus. S fertigen 12 weitere gleich große Karten an und schreiben die *classroom phrases* auf eine Seite. Damit sichergestellt ist, dass alle Karten gleich groß sind, können Sie die leeren Karten auch vorher schneiden und den S zur Beschriftung zur Verfügung stellen. Dann ist mehr Zeit zum Spielen da.

Pocket story: Tom's house — Kopiervorlage 8

⑤ In this picture we can see Tom's _____

④ Now Tom is going into his _____

⑥ This is Tom's _____

③ Here we can see Tom's _____

⑦ "Hi, I'm Susie. My house is in 7MC's classroom. Are you new here?"

② Tom is in his _____

Tom's house

name: _____

① Tom is very tired.

© Ernst Klett Verlag GmbH, Stuttgart 2005. Alle Rechte vorbehalten. ISBN 3-12-582698-5

Let's go   Materialien zum Grundschulübergang

LS

15

Methodische Hinweise zu KV 8: Pocket story: Tom's house

Inhalt: Tom, der nach der Schule immer sehr müde ist, möchte eigentlich ein kurzes Nickerchen machen. Plötzlich jedoch hört er eigenartige Geräusche. Aufgeregt inspiziert er jedes seiner Zimmer. Schließlich sieht er auch vor dem Mauseloch nach und entdeckt Susie, eine zweite Maus, die ihr Mauseloch im selben Klassenzimmer hat. Endlich hat Tom eine Freundin.

Wortfeld: *stairs, living room, bedroom, bathroom, dining room, kitchen, toilet, bed, table, chair,*
rooms/house, furniture *sofa, TV, cupboard, shower, etc.*
Material: Schere

Erarbeitung: Schritt 1: Erarbeitung der Wortfelder *house, rooms and furniture*
Bringen Sie Prospekte aus Möbelhäusern in die Schule mit. Lassen Sie Ihre S möglichst viele unterschiedliche Möbelstücke ausschneiden. Zeichnen Sie schematisch ein Haus mit den folgenden leeren Räumen und einer Treppe an die Tafel oder ordnen Sie auf einem großen Plakat die folgenden Räumlichkeiten an:
Erdgeschoss: 3 leere Räume, Obergeschoss: 4 leere Räume
Überlegen Sie gemeinsam, welche Räume man wie nutzen könnte.

Einführungstext:
L *Let's be architects. An architect is a person who designs houses. An architect decides where the kitchen is, where the bathroom is and so on. Now, where do you want to have your living room? Come here and show me the living room. Here? OK, so the living room is here.* Schreiben Sie den Begriff in eines der Zimmer. Beschriften Sie alle Räume: *living room, kitchen, toilet, dining room, bathroom, bedroom, stairs.*
L *So we've got the house now. But we haven't got any furniture. No table, no beds in the bedrooms, no cupboards in the kitchen ... Let's put the furniture into our house.*

Kommentieren Sie die Möbel, die die S in die Räume hängen. Wörter für Möbelstücke, die die S noch nicht kennen, werden im Wörterbuch nachgeschlagen und an die Tafel geschrieben. Der Vorteil eines Plakates ist, dass es ein paar Tage im Klassenzimmer hängen bleiben und zur Wiederholung wieder eingesetzt werden kann.

Einführung der Schritt 2: Schneiden Sie die Bilder der KV 8 ohne Textstellen aus und kopieren Sie sie
KV 9 auf Folie. Decken Sie die Bilder nacheinander auf, während Sie die Geschichte von Tom erzählen oder vorlesen. Tipp: Frei erzählen mit unterstützender Mimik und Gestik ist wirkungsvoller als Vorlesen.

Vorlesetext: *Tom has got a little house, too. It's in 7MC's classroom. It has got a bedroom, a bathroom, a living room, a dining room and a kitchen. (Bild 1) One day school was over and Tom was very, very tired. He went up the stairs to his bedroom. (Bild 2) He lay down on his bed and wanted to sleep. Suddenly he heard a noise. Somebody was in his house! A cat? (Bild 3) Tom slowly walked into the bathroom. Nobody there. There was only his shower. (Bild 4) He ran down the stairs into his living room. Nobody there. There was only his sofa. (Bild 5) Tom was really frightened now. He slowly sneaked into his dining room. Nobody there. There was only his table and his chair. (Bild 6) "Then it must be in the kitchen," Tom whispered. He ran into the kitchen and quickly took a pan out of his cupboard. "Knock, knock," there was the noise again. He ran to the door and opened it. And what did he see? (Bild 6) Another mouse! "Hi," she said. "My name is Susie. My house is in 7MC's classroom. Are you new here?" "Arrh, yes. Hi, my name is Tom." Is Susie his new friend?*

KV 8 Schritt 3: Teilen Sie die KV 8 aus. S sehen, dass auf fünf Bildern Sätze ergänzt werden
Bastelarbeit: müssen. Schreiben Sie die von den S genannten Räume an die Tafel. S tragen sie auf
Genaue der KV 8 ein.
Bastelanleitung im Setzen Sie sich mit den S gemeinsam an den Tisch. Führen Sie jeden Schritt der
Begleitbuch für den Bastelanleitung vor und warten Sie gemeinsam, bis alle den Schritt ausgeführt haben.
Unterricht S. 84 Wenn die kleinen Bücher fertig sind, lassen Sie die Sätze zur Geschichte vorlesen.

Lösungen: KV 8 bedroom, bathroom, living room, dining room, kitchen

Thomas Tallis Cafeteria

Kopiervorlage 9

Methodische Hinweise zu KV 9: Thomas Tallis Cafeteria

Inhalt: KV 9 zeigt einen Ausschnitt der Cafeteria in der Thomas Tallis School vor und nach der großen Pause. Die S sollen die Lebensmittel und Getränke benennen und herausfinden, wie viel in der großen Pause verbraucht wurde. S sollen dann formulieren, was die englischen Kinder am liebsten essen. Anschließend sollen sie ihre eigenen Vorlieben formulieren.

Wortfeld:
food and drinks, numbers

apple juice, lemonade, ice tea, milk, egg sandwich, cheese roll, ham sandwich, cake, fruit, vegetables, tomato, carrot, banana, apple, orange, numbers 1–12
sowie alle Pluralformen der Lebensmittel und Getränke

Strukturen: *How many … can you see? How many … are left? What do English pupils like best? What do you like best? I can see … . There is … . There are … .*

Erarbeitung: Schritt 1: Wortfeld *food*
Sammeln Sie gemeinsam möglichst viele Lebensmittel, die Ihre S in der großen Pause essen und ihnen bereits aus der Grundschule bekannt sind, an der Tafel. Bringen Sie hierfür evtl. Werbeprospekte aus Supermärkten mit, die als Ideen dienen können.
In leistungsstarken Klassen könnten hier bereits Kategorien gebildet werden:
drinks, sandwiches, fruit and vegetables.

Tipp: Weisen Sie die S darauf hin, dass Getränken immer die Bezeichnung *bottle of* bzw. *bottles of* vorangestellt wird: *ten bottles of milk*, etc. Ebenso darauf aufmerksam machen, dass es **a** *ham sandwich*, aber **an** *egg sandwich*, **an** *apple* und **an** *orange* heißt.

KV 9 Schritt 2: Teilen Sie die KV 9 aus. Diese haben Sie vorher zur Hälfte gefaltet, sodass auf den ersten Blick nur die linke der beiden Abbildungen sichtbar ist. Führen Sie das Thema ein:
L *Look at the picture. You can see a part of Thomas Tallis School Cafeteria. What's the time? … Yes, it's 8.35. Pupils at Thomas Tallis School can buy sandwiches and drinks during the break. What can they buy?*
S benennen die Lebensmittel. Hierbei dient der Tafelanschrieb aus Schritt 1 als Spickzettel. Für S ist es einfacher, wenn Sie immer den gleichen Fragetyp benutzen. Dann können sich die Antworten einschleifen. In leistungsstarken Klassen können Sie auch unterschiedliche Fragetypen anwenden.
Vorschläge:
What can you see/buy in the cafeteria? oder
How many … can you see in the cafeteria at 8.35? oder
What can English pupils buy in the cafeteria?

Die Antworten der S lauten je nach Fragestellung:
I can see/buy six bottles of apple juice.
There are ten bottles of milk.
English pupils can buy egg sandwiches and ice tea at the cafeteria.

Lösungsvorschläge KV 9, linker Teil:
There are six bottles of apple juice, five bottles of lemonade, six bottles of ice tea and ten bottles of milk.
I can see ten egg sandwiches, ten cheese rolls, twelve ham sandwiches and ten cakes.
There are eight tomatoes, six bananas, seven carrots, five oranges and ten apples.

Partnerarbeit: Schritt 3: Fordern Sie S auf, das Bild ganz zu entfalten.
L *Now turn over. You can see TTS Cafeteria at 11.00. The break is over. What is left after the break? What can you see?*
Fordern Sie die S auf, sich gegenseitig in Partnerarbeit zu befragen. Eventuell helfen vorher gemeinsam formulierte Fragevorschläge an der Tafel.

Lösungsvorschläge KV 9, rechter Teil:
Bildbeschreibung: One bottle of orange juice is left. Two bottles of lemonade are left. Three bottles of ice tea are left. Four bottles of milk are left.
I can see two egg sandwiches, one cheese roll, two ham sandwiches, no cakes.
There are six tomatoes, two bananas, three apples. There is a/one carrot. There is an/one orange.

Erweiterung: Vorliebenvergleich: English pupils like apple juice and cakes best. I like lemonade and cheese rolls best.
Bildvergleich: There are six bananas at 8.35. There are two bananas left at 11 o'clock.

Body and clothes

Kopiervorlage 10

Tom must learn all the words for the body and clothes now.
Can you help him? Write the words in the correct box.

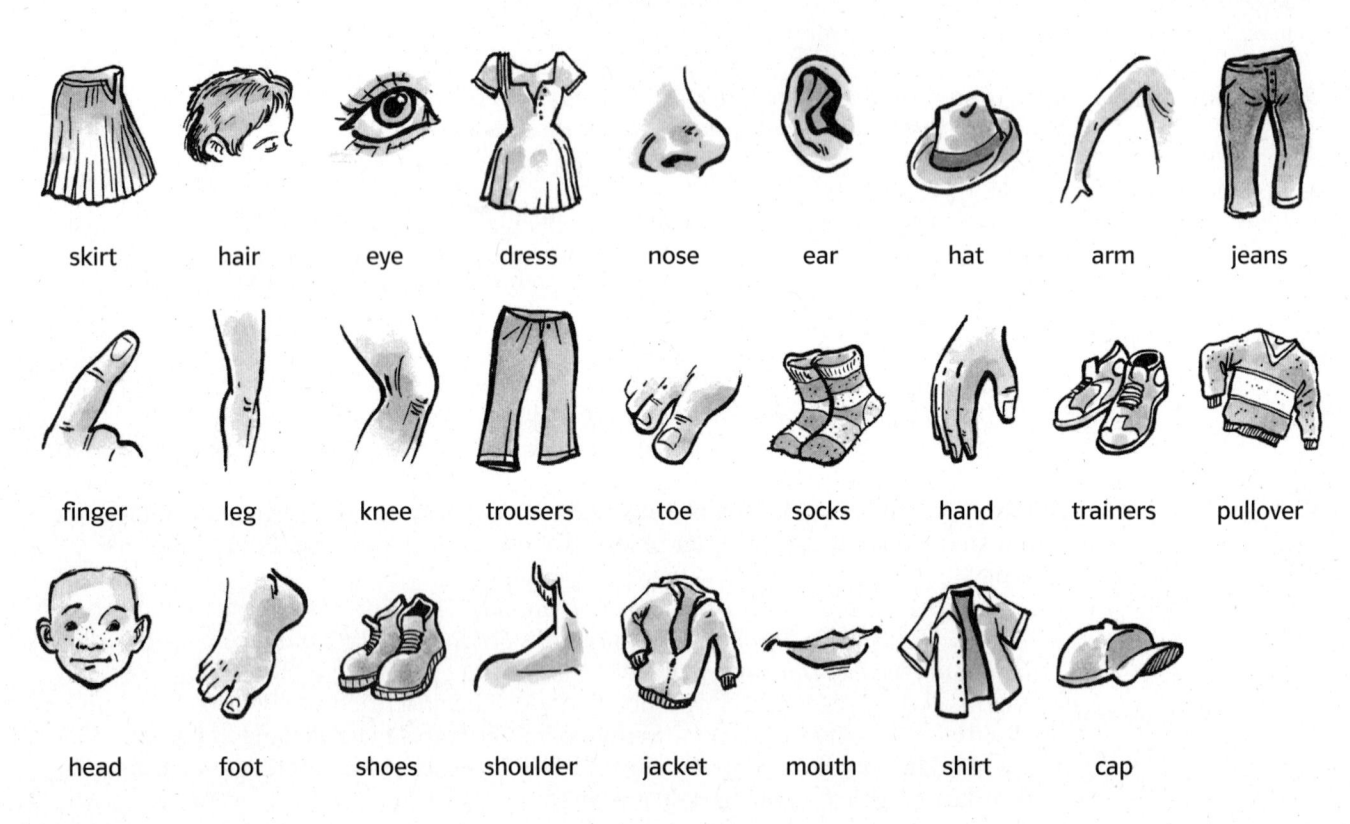

| skirt | hair | eye | dress | nose | ear | hat | arm | jeans |

| finger | leg | knee | trousers | toe | socks | hand | trainers | pullover |

| head | foot | shoes | shoulder | jacket | mouth | shirt | cap |

parts of the body:
_____

clothes for girls:
_____

clothes for boys:
_____

LS 19

Methodische Hinweise zu KV 10: Body and clothes

Inhalt: Tom muss in der Schule noch viel lernen. Der menschliche Körper ist für ihn ebenso neu wie die Kleidung, die die Menschen tragen. S werden aufgefordert, Tom bei der Einteilung der Wörter in bestimmte Kategorien zu helfen.

Wortfeld: *head, hair, eye, mouth, nose, ear, shoulder, arm, hand, finger, leg, knee, foot, toe, socks,*
body and clothes *dress, jacket, pullover, skirt, trousers, shoes, trainers, hat, shirt, cap, jeans*

Strukturen: Aufforderungen: *shake, touch, open, shut, close, stand, hop, show, clap etc.*

Material: etwa In der Regel ist es einfacher, wenn Sie die Kleidungsstücke, z. B. ausrangierte
20 ausrangierte Kindersachen, mitbringen. Sie können auch Ihre S bitten, verschiedene Kleidungs-
Kleidungsstücke, stücke mitzubringen und sie ggf. mit Ihren mitgebrachten Sachen ergänzen, damit
kleiner Reisekoffer Vielfalt entsteht.

Erarbeitung Teil 1: Wiederholung des Wortfeldes *body*
Überprüfen Sie, welche Wörter des Wortfeldes *body* Ihren Schülern bereits bekannt sind. Fordern Sie sie auf, TPR (Total Physical Response) exercises auszuführen, die Sie ihnen geben. Hier einige Beispiele:

Bewegungsspiel: *Shake your head / arms / legs / shoulders / fingers, please.*
Open your mouth / eyes, hands, please.
Shut/close your mouth / eyes, please.
Clap your hands, please.
Touch your hair, nose, leg, knee, toes, please.
Stand / hop on your left / right foot, please.
Show me your left / right hand, please.
Boys, touch …
Girls, touch …

Erarbeitung Teil 2: Wiederholung des Wortfeldes *clothes*
Kommen Sie mit einem Koffer ins Klassenzimmer. Packen Sie nacheinander die Kleidungsstücke aus, lassen Sie sie benennen und legen Sie sie auf einen für alle sichtbaren Tisch. Fordern Sie mehrere S auf, aus den Kleidungsstücken eine Montur zusammenzustellen und zu legen: *I like this red cap, this T-shirt, these jeans, these socks and these trainers.*
Fordern Sie nun einen S nach dem anderen auf, ein von Ihnen benanntes Kleidungsstück ordentlich zusammengefaltet in den Koffer zurückzulegen: *Sarah, please put the blue jacket back into the suitcase. Thank you.*

Kim-Spiel: Legen Sie jetzt jeweils fünf Kleidungsstücke gut sichtbar in die vier Ecken Ihres Klassenzimmers. Die S gehen nun im Klassenzimmer umher und versuchen, sich die Garderobenkombinationen einzuprägen. Bitten Sie die S nun, ihre Augen zu schließen. Entfernen Sie ein Kleidungsstück aus dem Klassenzimmer oder legen Sie es in den Koffer. Lassen Sie die S im Klassenzimmer umhergehen und erraten, welches Kleidungsstück fehlt.

KV 10 Schritt 3: Teilen Sie die KV 10 aus. Die S können diese in Partnerarbeit ohne Ihre Hilfe lösen. Kontrollieren Sie gemeinsam die Ergebnisse.
Fragen Sie, ob die S weitere Wörter kennen. Lassen Sie sie ggf. zeichnen und ergänzen Sie die Kategorien.

Lösungen: *KV 10* Parts of the body: head, eye, hair, mouth, nose, ear, shoulder, arm, hand, finger, leg, knee, foot, toe;
Clothes for girls: socks, dress, jacket, pullover, skirt, shoes, trousers, trainers, hat, cap, jeans;
Clothes for boys: socks, jacket, pullover, shoes, trousers, trainers, hat, shirt, cap, jeans

Let's go to England (song)

Kopiervorlage 11

Ten, nine, eight, _____, six, five, _____, three, _____, _____

Let's go!

Refrain, 2x: Let's get started.
We're on our way. We're learning _____ Let's go! Hooray!

1. Let's go to _____

It's time, you know. We're learning English.
Come on, let's go!

2. Let's go to _____

Let's fly today. We're learning English – and that's OK!

And when we get there, we'll sing this _____ And everybody can sing along.

Refrain, 2x

3. Let's visit Greenwich. Let's catch a _____ Hey, Mr Driver, please wait for us!

4. We'll tour round _____ and see the Dome. We're learning English. We'll feel at home!

And when we get there, we'll sing this _____ And everybody can sing along.

So let's get started. We're on our way.
We're learning English. _____ Hooray!

Refrain, 2x

Rap verses 1, 2, 3, 4

Refrain, 4x

© Ernst Klett Verlag GmbH, Stuttgart 2005.
Alle Rechte vorbehalten. ISBN 3-12-582698-5

Let's go Materialien zum Grundschulübergang

LS 21

Methodische Hinweise zu KV 11: Let's go to England (song)

Inhalt: KV 11 präsentiert den Text des *Let's go* Songs (Track 1 der Schüler-CD im Workbook und der Doppel-CD für den Unterricht). Er führt die S nach Greenwich, den tatsächlichen Standort der Thomas Tallis School. Das Lied wird zunächst wie gedruckt gesungen. Es folgt eine Rapeinlage mit den gekennzeichneten Strophen 1–4. Das Lied endet mit dem Refrain, der zum Schluss 4-mal gesungen wird.

Wortfeld: England
numbers 1–10, Let's go, start, learn, England, English, London, come on, fly, song, Greenwich, bus, catch, bus, driver, wait, see, feel, at home

Material:
CD-Player
Overheadprojektor,
Folienstift

Vorbereitung: Kopieren Sie die Vorlage auf Folie. Legen Sie die Folie auf den Tageslichtprojektor. Decken Sie nur den Liedanfang auf und lassen Sie auf der Folie die fehlenden Zahlwörter von S ergänzen. Decken Sie dann das erste Bild mit der britischen Flagge auf. Erläutern Sie die Aufgabe.

Einführung:
L *This is a song text about England. But some of the words are missing. Look, there are pictures instead of words. Let's find out what the pictures are.*

Erarbeitung: KV 11 Let's go song
Lesen Sie die erste Zeile langsam vor. Ihre S sollen nun Hypothesen bilden, welches Wort durch das Bild erklärt wird. Schreiben Sie das fehlende Wort mit einem Folienstift auf die Schreiblinie. Hören Sie gemeinsam die erste Strophe des Liedes.
Decken Sie nun eine weitere Zeile des Liedes auf und hören Sie mit den S die nächste Strophe. Hören Sie das Lied Strophe für Strophe an, unterbrechen Sie die Aufnahme durch die Pausentaste, hören Sie gegebenenfalls die Strophe nochmals, bis alle fehlenden Wörter eingesetzt sind.
Singen Sie nun das Lied alle gemeinsam mit CD-Unterstützung. Es hat eine mitreißende Melodie, die Kindern großen Spaß macht!
Teilen Sie am Ende der Einheit die Kopie des Liedes aus. Die S übertragen nun die Lösungen der Folie auf ihr Blatt.
Wählen Sie nun die Playback-Version und singen den Text nochmals gemeinsam.
Da der Song auch auf der beigefügten CD im Workbook der S ist, kann er zu Hause geübt werden.

Lösungen: KV 11
seven, four, two, one; English, England, London, song, bus, Greenwich, song, Let's go

Erweiterung: Fragen Sie Ihre S nach weiteren bekannten Liedern. In der Grundschule sind viele Lieder eingeübt worden. Wer will, kann einen Liedtext so gestalten wie den *Let's go song*. Teilen Sie die bekannten Liedtexte an die S aus und lassen Sie einzelne bekannte Wörter durch eine Zeichnung ersetzen. Die so gestalteten Lieder können auf Folie präsentiert und gemeinsam gesungen werden. Auch eine kleine Ausstellung mit verschieden gestalteten Liedern bietet sich an.

Lieder: Beispiele für geeignete aus der Grundschule bekannte Lieder:
Head, shoulders, knees and toes
Old MacDonald had a farm
If you're happy
The wheels on the bus

Thomas Tallis Race

Kopiervorlage 12

Ziel: Thomas Tallis School

	u-s-m-e-o	e-c-m-i	m-o-T	i-S-u-s-e
	e-n-o-s	r-a-e	y-e-e	m-u-t-h-o
	s-r-t-r-o-s-u-e-	r-i-T-h-s-t	a-h-t	e-s-o-h
	n-J-u-e	a-M-y	b-e-O-r-c-t-o	l-i-A-r-p
	a-y-n-o-M-d	y-F-i-r-a-d	y-u-S-n-d-a	r-a-t-d-S-u-y-a
	n-i-w-d	i-a-r-n	o-w-s-n	n-u-s
	a-n-i-t-r	b-k-i-e	u-b-s	a-r-c
	n-a-l-m-e-o-e-d	e-a-t	f-e-f-e-o-c	k-e-c-o
	n-a-b-n-a-a	t-m-o-t-o-a	r-c-a-o-r-t	e-p-l-p-a
	u-m-m	a-d-d	h-b-r-t-o-r-e	t-s-i-e-s-r
		e-k-n-i-c-t-h-n		h-a-o-b-r-t-m-o
	d-i-o-w-n-w		o-d-r-o	
	o-k-o-b	i-p-c-l-n-e-	l-r-u-r-e	g-a-b
		a-c-i-h-r		o-b-a-d-r
	w-n-r-b-o		h-i-t-w-e	
	b-e-l-u	r-d-e	e-e-g-r-n	k-p-i-n
	Start	Start	Start	Start

Methodische Hinweise zu KV 12: Thomas Tallis Race

Inhalt: KV 12 ist eine Spielvorlage, auf der alle möglichen Wortfelder der in der Grundschule erlernten oder auch in unserem Übergangsheft wiederholten Vokabeln abgeprüft werden können. In der ersten senkrechten Spalte sind 13 Wortfelder bildlich dargestellt. Die Purzelwörter in den jeweils zwei oder drei Zeilen daneben sind aus dem entsprechenden Wortfeld. Das Spiel kann mehrmals gespielt werden.

Wortfeld: *body, clothes, months, days of the week, weather, traffic, drinks, fruit and vegetables, family, house, classroom, colours*
alle aus der Grundschule bekannten Wortfelder
Das Bild oben links symbolisiert das Wortfeld des neuen Schulbuches *Let's go 1*.

Material:
Spielfiguren oder Büroklammern, je ein Würfel pro Vierergruppe

Vorbereitung: KV 12: Vergrößern Sie den Spielplan jeweils 1-mal pro 4 Kinder auf DIN-A3-Format. Erklären Sie den S die Bedeutung der Bilder. Lassen Sie die S die Oberbegriffe der entsprechenden Wortfelder nennen. Bilden Sie Vierergruppen. Jede Gruppe bekommt einen Würfel und vier Büroklammern.

Spielregeln: Jeder S würfelt einmal. Der S mit der höchsten Augenzahl beginnt. Er zieht seine Büroklammer auf das Feld, welches seiner Augenzahl entspricht. Dann versucht er, das gesuchte Wort herauszufinden.
Als Hilfe können sich die S an den Vignetten in der linken Spalte orientieren. Sie deuten das Wortfeld an, aus welchem das Wort stammt. Auch die bisher erarbeiteten Seiten des Übergangsmaterials können zu Rate gezogen werden.
Findet der S die Lösung nicht heraus, muss er zwei Felder zurückgehen. Findet er die Lösung, darf er auf dem Feld stehen bleiben und der nächste S ist am Zug. Kommt der S auf ein Feld ohne Purzelwort, darf er dort stehen bleiben, ohne etwas zu tun (Joker). Würfelt ein S eine 6, darf er nach Herausfinden des Wortes nochmals würfeln. Hat er das Wort nicht erraten, erhält er diesen Bonus nicht.
Sieger ist derjenige, welcher zuerst die Thomas Tallis School erreicht, wobei er genau dort ankommen muss.
Da jede Längsreihe unterschiedliche Wörter enthält, kann das Spiel in der Gruppe mehrmals gespielt werden.

Tipp: Damit einige S nicht ‚stundenlang' an einem Wort herumrätseln, kann ein ernannter Spielführer aus jeder Gruppe beauftragt werden, jedem Spieler eine Denkzeit von z. B. 10–15 Sekunden einzuräumen. Damit ist der flüssige Fortgang des Spiels gesichert.

Erweiterung: In Partnerarbeit, Gruppenarbeit oder auch als Hausaufgabe kann eine Tabelle mit den Wortfeldern angefertigt werden, in der alle zu einem oder mehreren Wortfeldern bekannten Wörter gesammelt werden.

Portfolio Kopiervorlage 13

Ich kann diese Sätze und Fragen schon auf Englisch sagen:

Ich kann jemanden begrüßen. _____

Ich kann jemanden fragen, wie es ihm geht. _____

Ich kann mich jemandem mit Namen vorstellen. _____

Ich kann sagen, woher ich komme. _____

Ich kann jemanden nach seinem Namen fragen. _____

Ich kann jemanden nach seinem Alter fragen. _____

Ich kann jemandem mein Alter mitteilen. _____

Ich kann um Hilfe bitten. _____

Ich kann mich entschuldigen. _____

Ich kann mich verabschieden. _____

Vergleiche deine Sätze mit den unten stehenden Aussagen.

Hello!   **How are you?**   **My name is …**   **What's your name?**

How old are you?   **I'm … years old.**   **Goodbye!**

Can you help me, please?   **I'm from …**   **Sorry.**

© Ernst Klett Verlag GmbH, Stuttgart 2005.
Alle Rechte vorbehalten. ISBN 3-12-582698-5

Let's go   Materialien zum Grundschulübergang